MONOTONONIE

MONOTONONIE

MONOTONONIE

translated into english by Simon Cutts

Héros Limite
Geneva

MONOTONONIE

traduit de l'anglais par Vincent Barras

Héros Limite
Genève

|∂

the folders

7 |

les plioirs

the list
is almost
always endless

of those
needing cradles
to be read

as if hands
could not hold

the book-hinge
open enough
to see into

the margin
of the fold

*for Elizabeth James**

la liste
9 | est presque
toujours infinie

de ceux à qui
il faut des supports
pour être lus

comme si des mains
ne pouvaient pas tenir

la charnière du livre
assez ouverte
pour voir dans

la marge
du pli

for Elizabeth James[*]

I never even knew
you only wrote poems

I only wrote poems
you never even knew

*after Davi Det Hompson**

Je ne me doutais même pas
11 | que tu n'écrivais que des poèmes

Je n'écrivais que des poèmes
dont tu ne te doutais même pas

after Davi Det Hompson[*]

late starlings
startled by traffic
resettle

sansonnet

étourneaux attardés
13 | étonnés par la
réinstallation du trafic

sansonnet

the camouflaged magpie
whose white parts
are sky

la pie camouflée dont les
parties blanches
sont le ciel

saffron
from the stamens
of the lilac crocus

Herbstzeitlose, *after Kurt Schwitters*

safran
17 | des étamines
du crocus lilas

Crocus d'automne, *d'après Kurt Schwitters*

the maker's rage to order words of the sea

all his life
Mr S Mills
tried to say
something entirely
arbitrary
about the sea*

la rage du créateur pour ordonner les mots de la mer

19 |

sa vie durant
M. S Mills
a essayé de dire
quelque chose d’entièrement
arbitraire
au sujet de la mer*

onglet

1.
single-leaf cancel:
a new leaf often the title page
to which changes have been made
and which is glued on to the narrow
stub left by the removed leaf

2.
[tranche de livre] tab, thumb index

3.
[relieure] guard

4.
[boîte à onglets] mitrebox [menuiserie]

5.
[larme de canif] (thumbnail) groove

6.
[bot.] the unguis of a petal, eg. (clou de girofle)

7.
an embroidery thimble

8.
a cut of beef (hanger steak)

onglet

1.
carton de substitution :
un nouveau feuillet souvent la page de titre
à laquelle on a apporté des changements
et qui est collé sur la marge
étroite laissée par le feuillet enlevé

2.
[tranche de livre] étiquette, répertoire à onglets

3.
[reliure] garde

4.
[boîte à onglets] mitre [menuiserie]

5.
[lame de canif] (onglet) entaille

6.
[bot.] l'onglet du pétale, p. ex. (clou de girofle)

7.
un dé de broderie

8.
un morceau de bœuf (pièce du boucher)

3 mini-printer poems[*]

a form of five lines of thirty characters and spaces
as assembled for the pocket rubber-stamp printer

3 poèmes pour mini-imprimante*

une forme de cinq lignes de trente signes - espaces assemblés pour l'imprimerie en tampon caoutchouc

Gracie Mansions Avenue A, 1983   30
a frieze of the first lines of   30
the poem by Frank O'Hara, made   29
as a hieroglyph of twigs   24
collected from Tompkins Square   30

30 Gracie Mansions Avenue A, 1983
30 une frise des premières lignes
30 du poème de Frank O’Hara, fait
29 comme un hiéroglyphe de brins
28 recueillis a Tompkins Square

why did Russian Constructivist 30
-s often leave tools in their 29
work? Tatlin's set-square or 28
Ivan Puny's hammer or saw that 30
wouldn't cut soap or butter 27

29 pourquoi les constructivistes
28 russes laissaient des outils
29 dans leurs œuvres ? L'équerre
27 de Tatlin, la scie de Puny
29 incapable de couper le beurre

the purple garlic of Bourgueil 30
whose lace white flowers 24
gathered from a shaded wood 27
to make savoury this garnish 28
for spring soups or salad 25

30 l'ail violet de Bourgeuil dont
29 | 29 les fleurs blanches dentelées
30 cueillies sous un bois ombragé
26 donnent du goût aux soupes
27 et aux salades de printemps

buy a notebook
in each 30
new place

and on the first
page write

the name
and date

achète un carnet de notes
31 | dans chaque
nouvel endroit

et sur la première
page écris

le nom
et la date

1

trellis &
treillage

making
a shelter

of foliage

2

trestle
& trellis

making
a framework

of lattice*

1

33 |

treillis &
treillage

faisant
une couverture

de feuillage

2

tréteau
& treillis

faisant
un cadre

de mailles*

Cox*

I

seagull's in
the tractor's wake

II

smoke from stubble
blown to sea

III

the track puddled
near the gate

IV

a cloud of sheep

Cox*

35 |

I
mouettes dans
le sillage du tracteur

II
fumée du chaume
envolé dans la mer

III
la trace boueuse
près du portail

IV
un nuage de moutons

the imprint
of cloud

on folds
of box-
ed
corn

l'empreinte
des nuages

sur les plis
du blé en
ba-
llots

the cast
of a plaster eggshell
repaired with wire
more filigree
than the capillary
of a leaf*

le moule
d'une coquille d'œuf en plâtre
réparé avec un fil
plus filigrane
que le capillaire
d'une feuille*

broken glass cut
to an ellipse

& polished
to the beaded

meniscus
of a pour*

verre brisé coupé
en ellipse

& poli
en ménisque

perlé
d'une coulée[*]

picadon

the best young picadons are usually of the purest white clean and fresh looking, nicely formed and just firm enough to stand up on their own. These tiny discs are often sold by weight, wrapped tightly in packages of half a dozen or so. As they get older they get much harder and it seems as if they would last forever. I've never managed to keep them long enough, but perhaps these will last a little longer.

les meilleurs picadons jeunes sont habituellement d'un blanc très pur, d'allure propre et fraîche, bien formés et juste assez fermes pour tenir d'eux-mêmes. Ces petits disques sont souvent vendus au poids, étroitement emballés en paquets d'une demi-douzaine environ. À mesure qu'ils vieillissent, ils deviennent beaucoup plus durs comme s'ils allaient durer éternellement. Je n'ai jamais réussi à les garder assez longtemps, ceux-ci peut-être dureront un peu plus longtemps.

pélardon

pélardons are like many of the country goat cheeses produced on small family farms, some of those really good local cheeses that you'd never taste if you didn't happen to stop at the place where they are made. You might find them at the local market, but nowhere else. The goats graze on pastures full of herbs and their little cheeses ripen for at least eleven days and are turned every two. O pélardons, please never change

pélardon

45 |

les pélardons sont comme de nombreux fromages
de chèvre du pays produits dans de petites fermes
familiales, dont quelques fromages locaux vraiment
excellents qu'on ne goûterait jamais si l'on ne s'arrê-
tait pas à l'endroit où ils sont fabriqués. On peut les
trouver sur le marché local, mais nulle part ailleurs.
Les chèvres passent sur des pâturages très herbeux
et leurs petits fromages mûrissent pendant onze
jours au moins et sont retournés chaque deux jours.
O pélardons, je vous prie, ne changez jamais

at least it moves
forward the absent
narrative towards
some further moment
its rhythm
its signature

du moins il avance
le récit absent
vers quelque
moment ultérieur
son rythme
sa signature

Do you please
as soon as possible
send to me
in my box
all things
which remain
in the room again*

Veuillez s'il vous plaît
aussi vite que possible
envoyer à moi
dans ma boîte
toutes choses
qui restent
dans la chambre encore*

eye)
- lid 50 |
eye -
let)*

pau)
51 | - pière
œil -)
let*

a word
only 52 |
a line

a line
only
a word

a lone
word
a line

a word
a line
alone*

un mot
53 | une seule
ligne

une ligne
un seul
mot

un seul
mot
une ligne

un mot
une ligne
seule*

poing

doigt   54 |

pouce

paume

open hand*

poing

55 | doigt

pouce

paume

main ouverte*

a fragment
to describe a diaphaneity

a diagram
of such brief detail

of the inside
& outside of the same profile
of fibre-root drilled in masonry

(in a segment of ferule the invisible knot
as a pile of cement dust is dispersed by a sable
brush)

distance gathered in a filament of lint
& pigment the pollen of furze blossom

beyond the replaceable armature
of folding furniture*

un fragment
pour décrire une diaphanéité

un diagramme
d'un si bref détail

de l'intérieur
& extérieur du même profil
de fibre forée dans la maçonnerie

(dans un segment de férule le nœud invisible
alors qu'un amas de poussière de ciment est
dispersé par un pinceau de martre)

distance rassemblée dans un filament de peluche
& pigment le pollen des ajoncs se répand

derrière l'armature interchangeable
du meuble pliant*

ripple pebble •

miroirs*

· galet ride

miroirs*

a 36pt Gill Italic
bold full
stop

at the point
of perception
of its obliquity

to the unaided
eye*

•

un point
 Gill italique
gras police 36 pt

au point
de perception
de son obliquité

pour l'œil
sans assistance[*]

•

aioli

ai ia
lo ol
li li

ia ai
ol lo
li li

ai ai
lo lo
il il*

aioli

a i   i a
l o   o l
l i   l i

i a   a i
o l   l o
l i   l i

a i   a i
l o   l o
i l   i l*

with yellow pears
and full of wild roses
the land hangs
into the lake

Friedrich Hölderlin, *Halfte das Lebens*

avec des poires jaunes

et pleine de roses sauvages
la terre se penche
sur le lac

Friedrich Hölderlin, *Moitié de la vie*

to thank
the morning
rain*

pour remercier
la pluie
au matin*

who'd have thought
that snow falls
at all

after
Frank O'Hara's Wind *for Morton Feldman*

qui aurait pensé que
la neige tombe
même

d'après
Vent *de Frank O'Hara pour Morton Feldman*

in life we do
what we can
but at the table
we must make
an effort

old Lyonnais

dans la vie

on fait ce qu'on peut
mais à table
on se force

vieux lyonnais

rose
bay
willow
herb

rose
laurier
saule
herbe

are leaves
my favourite flowers

poinsettia

les feuilles sont-elles
75 | mes fleurs préférées

poinsettia

a packet of woodbines
a box of bluebell matches

un paquet de chèvrefeuilles
une boîte de paires de jacinthes

music as
words as
light as
air*

musique de

 mots de

lumière d'

air*

open –
ing the
fold

open –
ing the
first
gate – fold

fold –
ing the
last
sheet

close –
in the
last
gate – fold

eclogues 1980-2004 :
after Samuel Palmer's Virgil

ouv –
rir le
pli

ouv –
rir le
premier
vo – let

pli –
er le
dernier
feuillet

fer –
mer le
dernier
vo – let

églogues 1980-2004 :
d'après Virgil de Samuel Palmer

the sea cemetery's
gravestones

are its limestone
waves

the slate
roof its boat

the pillars
beneath

the sheaves
of ripe wheat

les pierres tombales
du cimetière marin

sont ses vagues
de calcaire

le toit d'ardoise
son bateau

les colonnes
en-dessous

les gerbes
de blé mûr

the poem is the manifestation of the book

the book is the manifestation of the poem

le poème est la manifestation du livre

le livre est la manifestation du poème

the quiet weave
of fine linen
stationary

cream paper laid
on a small
writing table

& bundles tied
by cotton
for hinges,
the thread
to band them with,
fine needlework:-

the poet known
to burn a lamp
most of the night

my time of
so little 'count
my writing
so very needless
and me so
very handy[*]

le tranquille tissage
de la belle papeterie
en lin

papier crème posé
sur une petite
table à écrire

& liasses nouées
par un coton
qui fait charnière,
le fil
pour les attacher,
une belle couture :-

le poète connu
pour faire brûler une lampe
pendant presque toute la nuit

mon temps
qui compte si peu
mon écriture
si inutile
et moi si
adroite[*]

notes *

p. 8

Poet and librarian at the National Art Library Victoria and Albert Museum, London

p. 10

American fluxus artist and poet 1939-1996, changed his name from David E Thompson

p. 18

Wallace Stevens, *The Idea of Order at Key West*

p. 22

The Rubber Stamp Mini Printer Poems: two volumes using this form of composition *Series I* from 1993, and *RSMPS II* from 1996

p. 32

Martin Rogers 1952-2012, silkscreen printer and sculptor maker of "musical instruments for outdoor use"

p. 34

David Cox 1783-1859, English painter and watercolourist
more weather in one Cox/than the whole of Turner

p. 38

Shelagh Wakely 1932-2011, sculptor of small fugitive constructions left on a garden table

p. 9
Poète et bibliothécaire à la National Art Library Victoria and Albert Museum, Londres

p. 11
Artiste et poète fluxus américain 1936-1996, a modifié son nom à partir de David E Thompson

p. 19
Wallace Stevens, *L'idée de l'ordre à Key West*

p. 23
Les mini-poèmes en impression tampon :
deux volumes utilisant cette forme de composition
Series I de 1993 et *RSMPS II* de 1996

p. 33
Martin Rogers 1952-2012, sérigraphe et sculpteur fabricant d'« instruments de musique pour usage extérieur »

p. 35
David Cox 1783-1859, peintre et aquarelliste anglais
davantage d'intempérie dans un seul Cox / que dans tout Turner

p. 39
Shelagh Wakely 1932-2011, sculpteur de petites constructions fugitives laissées sur une table de jardin

p. 40

Bill Culbert 1935-2019, sculptor and bricoleur, of the glass of wine, its refraction and shadow

p. 48

Moment d'expression anglais, A. Rimbaud, London 1874

p. 50

Painted by Rousseau, Guillaume Apollinaire stands next to Marie Laurencin under some ash trees, Sweet Williams at their feet

p. 52

Robert Lax 1915-2000 and Cid Corman 1924-2004, two American poets of the shorter line

p. 54

Pouce *thumb* poing *fist* paume *palm* doigt *finger*
Pouce thumb *poing* fist *paume* palm *doigt* finger

p. 56

Fred Sandback 1943-2004, American sculptor of almost invisible coloured & tensioned thread used to define his spaces

p. 58

The concluding centrefold line of a typographical *narrative*: a pebble is thrown into a pond and the ripples spread outwards towards the edge of the page

p. 41
Bill Culbert 1935-2019, sculpteur et bricoleur,
du verre de vin, sa réfraction et son ombre

p. 49
Moment d'expression anglais, A. Rimbaud, Londres 1874

p. 50
Peint par Rousseau, Guillaume Apollinaire se tient
près de Marie Laurencin sous des frênes, à leurs pieds
des œillets de poète

p. 53
Robert Lax 1915-2000 et Cid Corman 1924-2004,
deux poètes américains de la ligne brève

p. 55
Pouce thumb *poing* fist *paume* palm *doigt* finger
Pouce *thumb* poing *fist* paume *palm* doigt *finger*

p. 57
Fred Sandback 1943-2004, sculpteur américain
de fils colorés et tendus presque invisibles
utilisés pour définir ses espaces

p. 59
La dernière ligne en page centrale d'un *récit* typographique :
un galet est jeté dans un étang et les ondulations
se répandent vers l'extérieur vers le bord de la page

p. 60

Colin Sackett: book-maker and typographer

p. 62

io worthington: the daughter of a friend who called all
his children by names of two letters, io, cy and rx

p. 66

Pierre Louys *Chansons de Bilitis* arr. Claude Debussy
Six Épigraphes antiques

p. 78

Some words remaining from neon installations
by Maurizio Nannucci in 1989-1990
music 4 *words* 4 *light* 4 *air* 4 *as* 12

p. 86

Letter 30: Emily Dickinson, *The Fascicles*

p. 61

Colin Sackett : créateur de livres et typographe

p. 63

io worthington : la fille d'un ami qui a donné

à tous ses enfants des noms en deux lettres, io, cy et rx

p. 67

Pierre Louys *Chansons de Bilitis* arr. Claude Debussy

Six Épigraphes antiques

p. 79

Quelques mots restés des installations de néon

par Maurizio Nannucci en 1989-1990

musique 4 *mots* 4 *lumière* 4 *air* 4 *comme* 12

p. 87

Letter 30 : Emily Dickinson, *The Fascicules*

Les éditions Héros-Limite sont au bénéfice d'un conventionnement de la République et canton de Genève et d'un soutien structurel de l'Office fédéral de la culture

ISBN : 978-2-88955-021-0
Numéro d'impression : 96290
Dépôt légal : juin 2020
Imprimé en France et en Suisse

MONOTONONIE
a été achevé d'imprimer en juin 2020
par l'Imprimerie Floch à Mayenne

Impression couverture : La Queue du Tigre
chez Noir sur noir, Genève
Maquette : La Queue du Tigre,
Gaia Biaggi et Georges Mishuga, Genève